Cambridge Plain Texts

PASCAL

Entretien avec M. de Saci
sur Épictète et Montaigne

PASCAL

Entretien avec M. de Saci
sur Épictète et Montaigne

CAMBRIDGE
AT THE UNIVERSITY PRESS
1947

CAMBRIDGE UNIVERSITY PRESS
Cambridge, New York, Melbourne, Madrid, Cape Town,
Singapore, São Paulo, Delhi, Mexico City

Cambridge University Press
The Edinburgh Building, Cambridge CB2 8RU, UK

Published in the United States of America by Cambridge University Press, New York

www.cambridge.org
Information on this title: www.cambridge.org/9781107665453

First published 1947
Re-issued 2013

A catalogue record for this publication is available from the British Library

ISBN 978-1-107-66545-3 Paperback

NOTE

THIS little piece has an importance out of all proportion to its brevity and somewhat dubious origin.*

It appears for the first time in the *Mémoires* (1728) of the Oratorian P. N. Desmolets, who took it from the manuscript *Mémoires de Port Royal* by N. Fontaine, secretary and devoted disciple of M. de Saci. These *Mémoires* were composed between 1696 and 1709, but were not published till 1736—Fontaine died in 1707—and their object was the celebration of the virtues of the Solitaries, and especially of Fontaine's beloved master.

The *Entretien* then is not first-hand Pascal but a recollection of his utterance after a lapse of thirty years, but there can be no question that it is a faithful record, and that it embodies the thoughts and very words of the author of the *Pensées*.

Its importance lies in its exhibition of Pascal's intimate knowledge of Epictetus and Montaigne and most of all of the latter, from

* The text followed in this reprint is that established, after minute examination and collation of the work in print and manuscript (two of

whom he borrows so freely for his *Apology*,*
but most of all in its revelation of his method
of reaching a conclusion through a clash of
opposites, seeking thereby to establish a
mean. Thus in this conversation the Stoic
and the Epicurean are confronted, in vigorous
contrast, issuing in a reasonable and balanced
religion.

The occasion of the *Entretien* was as fol-
lows. It would appear that Pascal, on the
morrow of the ecstasy, vision or whatever we
are to call it, of November 23/24, 1654, went
straight to Port Royal and placed himself in
the hands of M. Singlin, the Superior of the
convent in Paris. Singlin despatched him to
Port Royal des Champs where the saintly
Isaac Lemaître, known by the anagram of
his Christian name as M. de Saci, would look
after him.†

the former and five of the latter), by the late
M. Bédier. See his article in *Études critiques*, 1903
(Colin). It is the one adopted by Brunschvicg in
his latest editions.

* For Pascal's handling of Montaigne the
reader is referred to my book *The Secret of Pascal*
(Cambridge, 1942), p. 65.

† Note Pascal's passive surrender to 'direction'
which in the Memorial he pledged himself to
practice.

M. de Saci's method with his penitents
was a model of practical prudence. In order
to win an opening to teach them how to love
God he took care to suit his conversation to
the condition and mood of each one. Fontaine describes it. Pascal's scientific achieve-
ment was obviously not of his competence,
but the philosophical studies of the convert,
although unfamiliar, were such as the director
could understand, and so these were to be the
subject of their talk. Pascal, invited to speak
of his reading in philosophy, says that his
chief and most venerated authors are Epictetus and Montaigne. M. de Saci, who has
hitherto avoided their acquaintance, begs
Pascal to tell him about them. And here we
may leave Fontaine to take up the tale.

H. F. S.

ENTRETIEN AVEC M. DE SACI SUR ÉPICTÈTE ET MONTAIGNE

M. Pascal vint aussi, en ce temps-là, demeurer à Port-Royal-des-Champs. Je ne m'arrête point à dire qui était cet homme, que non seulement toute la France, mais toute l'Europe a admiré. Son esprit toujours vif, toujours agissant, était d'une étendue, d'une élévation, d'une sûreté, d'une pénétration et d'une netteté au delà de ce qu'on peut croire.... Cet homme admirable étant touché de Dieu, soumit cet esprit si élevé au joug de Jésus-Christ, et ce cœur si noble et si grand embrassa avec humilité la pénitence. Il vint à Paris se jeter entre les bras de M. Singlin, résolu de faire tout ce qu'il lui ordonnerait. M. Singlin crut, en voyant ce grand génie, qu'il ferait bien de l'envoyer à Port-Royal-des-Champs, où M. Arnauld lui prêterait le collet en ce qui regardait les hautes sciences, et où M. de Saci lui apprendrait à les mépriser. Il vint donc demeurer à Port-Royal. M. de Saci ne put se dispenser de le voir par honnêteté, surtout en ayant été prié par M. Singlin; mais les lumières saintes qu'il trouvait dans l'Écriture et dans les Pères lui firent espérer qu'il ne serait pas ébloui de tout le brillant de M. Pascal, qui charmait néanmoins et enlevait tout le monde. Il trouvait en effet tout ce qu'il disait fort juste. Il avouait avec plaisir la force de son esprit et de ses discours; mais il n'y apprenait rien de nouveau. Tout ce que M. Pascal lui disait de grand, il l'avait vu avant lui dans saint Augustin; et faisant justice à tout le monde, il disait: 'M. Pascal est extrêmement estimable en ce que, n'ayant point lu les Pères de l'Église il avait de lui-même, par la pénétration de son esprit, trouvé les mêmes vérités qu'ils avaient trouvées. Il les trouve surprenantes, disait-il, parce qu'il ne les a vues en aucun endroit; mais pour nous, nous sommes accoutumés à les voir de tous côtés dans nos livres.' Ainsi, ce sage ecclésiastique trouvant que les anciens n'avaient pas moins de lumière que les nouveaux, il s'y tenait, et estimait beaucoup M. Pascal de ce qu'il se rencontrait en toutes choses avec saint Augustin.

La conduite ordinaire de M. de Saci, en entretenant les gens, était de proportionner ses entretiens à ceux à qui il parlait. S'il voyait, par exemple, M. Champagne, il parlait avec lui de la peinture. S'il voyait M. Hamon, il l'entretenait de la médecine. S'il voyait le chirurgien du lieu, il le questionnait sur la chirurgie. Ceux qui cultivaient ou la vigne, ou les arbres, ou les grains, lui disaient tout ce qu'il y fallait observer. Tout lui servait pour passer aussitôt à Dieu, et pour y faire passer les autres. Il crut donc devoir mettre M. Pascal sur son fonds et lui parler des lectures de philosophie dont il s'occupait le plus. Il le mit sur ce sujet aux premiers entretiens qu'ils eurent ensemble. M. Pascal lui dit que ses deux livres les plus ordinaires avaient été Épictète et Montaigne, et il fit de grands éloges de ces deux esprits. M. de Saci, qui avait toujours cru devoir peu lire ces auteurs, pria M. Pascal de lui en parler à fond.

'Épictète, lui dit-il, est un des philosophes du monde qui a mieux connu les devoirs de l'homme. Il veut, avant toutes choses, qu'il regarde Dieu comme son principal objet; qu'il soit persuadé qu'il gouverne tout avec justice; qu'il se soumette à lui de bon cœur, et qu'il le suive volontairement en tout, comme ne faisant rien qu'avec une très grande sagesse: qu'ainsi cette disposition

arrêtera toutes les plaintes et tous les murmures, et préparera son esprit à souffrir
paisiblement les événements les plus fâcheux.
"Ne dites jamais, dit-il: 'J'ai perdu cela';
dites plutôt: 'Je l'ai rendu. Mon fils est
mort, je l'ai rendu. Ma femme est morte, je
l'ai rendue.'" Ainsi des biens et de tout le
reste. "Mais celui qui me l'ôte est un
méchant homme", dites-vous. De quoi vous
mettez-vous en peine, par qui celui qui vous
l'a prêté vous le redemande? Pendant qu'il
vous en permet l'usage, ayez-en soin comme
d'un bien qui appartient à autrui, comme un
homme qui fait voyage se regarde dans une
hôtellerie. Vous ne devez pas, dit-il, désirer
que les choses qui se font se fassent comme
vous le voulez, mais vous devez vouloir
qu'elles se fassent comme elles se font.
Souvenez-vous, dit-il ailleurs, que vous êtes
ici comme un acteur, et que vous jouez le
personnage d'une comédie, tel qu'il plaît au
maître de vous le donner. S'il vous le donne
court, jouez-le court; s'il vous le donne long,
jouez-le long; s'il veut que vous contrefassiez
le gueux, vous le devez faire avec toute la
naïveté qui vous sera possible; ainsi du reste.
C'est votre fait de jouer bien le personnage

qui vous est donné; mais de le choisir, c'est le fait d'un autre. Ayez tous les jours devant les yeux la mort, la disette, et tous les maux qui semblent les plus insupportables; et jamais vous ne penserez rien de bas, et ne désirerez rien avec excès.' Il montre aussi en mille manières ce que doit faire l'homme. Il veut qu'il soit humble, qu'il cache ses bonnes résolutions, surtout dans les commencements, et qu'il les accomplisse en secret: rien ne les ruine davantage que de les produire. Il ne se lasse point de répéter que toute l'étude et le désir de l'homme doivent être de reconnaître la volonté de Dieu et de la suivre.

'Voilà, monsieur, dit M. Pascal à M. de Saci, les lumières de ce grand esprit qui a si bien connu les devoirs de l'homme. J'ose dire qu'il méritait d'être adoré, s'il avait aussi bien connu son impuissance, puisqu'il fallait être Dieu pour apprendre l'un et l'autre aux hommes. Aussi, comme il était terre et cendre, après avoir si bien compris ce qu'on doit, voici comme il se perd dans la présomption de ce que l'on peut. Il dit que Dieu a donné à l'homme les moyens de s'acquitter de toutes ses obligations; que ces

moyens sont toujours en notre puissance;
qu'il faut chercher la félicité par les choses
qui sont en notre pouvoir, puisque Dieu nous
les a données à cette fin; qu'il faut voir ce
qu'il y a en nous de libre; que les biens, la
vie, l'estime ne sont pas en notre puissance
et ne mènent donc pas à Dieu; mais que
l'esprit ne peut être forcé de croire ce qu'il
sait être faux, ni la volonté d'aimer ce qu'elle
sait qui la rend malheureuse; que ces deux
puissances sont donc libres, et que c'est par
elles que nous pouvons nous rendre parfaits;
que l'homme peut par ces puissances parfaitement connaître Dieu, et l'aimer, lui
obéir, lui plaire, se guérir de tous ses vices,
acquérir toutes les vertus, se rendre saint
ainsi et compagnon de Dieu. Ces principes
d'une superbe diabolique le conduisent à
d'autres erreurs, comme: que l'âme est une
portion de la substance divine; que la douleur
et la mort ne sont pas des maux; qu'on peut
se tuer quand on est si persécuté qu'on peut
croire que Dieu appelle, et d'autres encore.

'Pour Montaigne, dont vous voulez aussi,
monsieur, que je vous parle, étant né dans
un État chrétien, il fait profession de la
religion catholique, et en cela il n'a rien de

particulier. Mais comme il a voulu chercher quelle morale la raison devrait dicter sans la lumière de la foi, il a pris ses principes dans cette supposition; et ainsi, en considérant l'homme destitué de toute révélation, il discourt en cette sorte. Il met toutes choses dans un doute universel et si général, que ce doute s'emporte soi-même, c'est-à-dire [qu'il doute] s'il doute, et doutant même de cette dernière proposition, son incertitude roule sur elle-même dans un cercle perpétuel et sans repos, s'opposant également à ceux qui assurent que tout est incertain et à ceux qui assurent que tout ne l'est pas, parce qu'il ne veut rien assurer. C'est dans ce doute qui doute de soi et dans cette ignorance qui s'ignore, et qu'il appelle sa maîtresse forme, qu'est l'essence de son opinion, qu'il n'a pu exprimer par aucun terme positif. Car s'il dit qu'il doute, il se trahit, en assurant au moins qu'il doute; ce qui étant formellement contre son intention, il n'a pu s'expliquer que par interrogation; de sorte que ne voulant pas dire: "Je ne sais", il dit: "Que sais-je?" dont il fait sa devise, en la mettant sous des balances qui, pesant les contradictoires, se trouvent dans un parfait équilibre: c'est-à-dire qu'il est pur pyrrhonien. Sur ce principe roulent tous ses discours et tous ses *Essais*; et c'est la seule chose qu'il prétend bien établir, quoiqu'il ne fasse pas toujours remarquer son intention. Il y détruit insensiblement tout ce qui passe pour le plus certain parmi les hommes, non pas pour établir le contraire avec une certitude de laquelle seule il est ennemi, mais pour faire voir seulement que, les apparences étant égales de part et d'autre, on ne sait où asseoir sa créance.

'Dans cet esprit, il se moque de toutes les assurances; par exemple, il combat ceux qui ont pensé établir dans la France un grand remède contre les procès par la multitude et par la prétendue justesse des lois: comme si l'on pouvait couper la racine des doutes d'où naissent les procès, et qu'il y eût des digues qui pussent arrêter le torrent de l'incertitude et captiver les conjectures! C'est là que, quand il dit qu'il vaudrait autant soumettre sa cause au premier passant, qu'à des juges armés de ce nombre d'ordonnances, il ne prétend pas qu'on doive changer l'ordre de l'État, il n'a pas tant d'ambition, ni que son avis soit meilleur, il n'en croit aucun de bon.

C'est seulement pour prouver la vanité des opinions les plus reçues; montrant que l'exclusion de toutes lois diminuerait plutôt le nombre des différends que cette multitude de lois qui ne sert qu'à l'augmenter, parce que les difficultés croissent à mesure qu'on les éclaire; que les obscurités se multiplient par les commentaires, et que le plus sûr moyen pour entendre le sens d'un discours est de ne le pas examiner, et de le prendre sur la première apparence: si peu qu'on l'observe, toute la clarté se dissipe. Aussi il juge à l'aventure de toutes les actions des hommes et des points d'histoire, tantôt d'une manière, tantôt d'une autre, suivant librement sa première vue, et sans contraindre sa pensée sous les règles de la raison, qui n'a que de fausses mesures, ravi de montrer par son exemple les contrariétés d'un même esprit. Dans ce génie tout libre, il lui est entièrement égal de l'emporter ou non dans la dispute, ayant toujours, par l'un et l'autre exemple, un moyen de faire voir la faiblesse des opinions; étant posté avec tant d'avantage dans ce doute universel, qu'il s'y fortifie également par son triomphe et par sa défaite.

'C'est dans cette assiette, toute flottante

et chancelante qu'elle est, qu'il combat avec
une fermeté invincible les hérétiques de son
temps, sur ce qu'ils s'assuraient de connaître
seuls le véritable sens de l'Écriture; et c'est
de là encore qu'il foudroie plus vigoureuse-
ment l'impiété horrible de ceux qui osent
assurer que Dieu n'est point. Il les entreprend
particulièrement dans l'*Apologie de Raimond
de Sebonde*; et les trouvant dépouillés volontairement de toute révélation, et abandonnés
à leur lumière naturelle, toute foi mise à part,
il les interroge de quelle autorité ils entre-
prennent de juger de cet Être souverain qui
est infini par sa propre définition, eux qui
ne connaissent véritablement aucune des
moindres choses de la nature! Il leur demande sur quels principes ils s'appuient; il
les presse de les montrer. Il examine tous
ceux qu'ils peuvent produire et pénètre si
avant, par le talent où il excelle, qu'il montre
la vanité de tous ceux qui passent pour les
plus éclairés et les plus fermes. Il demande
si l'âme connaît quelque chose, et si elle se
connaît elle-même; si elle est substance ou
accident, corps ou esprit; ce que c'est que
chacune de ces choses, et s'il n'y a rien qui ne
soit de l'un de ces ordres; si elle connaît son

propre corps, ce que c'est que matière, si elle peut discerner entre l'innombrable variété d'avis qu'on en produit; comment elle peut raisonner, si elle est matérielle; et comment elle peut être unie au corps particulier et en ressentir les passions, si elle est spirituelle; quand a-t-elle commencé d'être? avec le corps ou devant? et si elle finit avec lui ou non; si elle ne se trompe jamais; si elle sait quand elle erre, vu que l'essence de la méprise consiste à ne pas la méconnaître; si dans ses obscurcissements elle ne croit pas aussi fermement que deux et trois font six qu'elle sait ensuite que c'est cinq; si les animaux parlent, raisonnent, pensent; et qui peut décider ce que c'est que le temps, ce que c'est que l'espace ou étendue, ce que c'est que le mouvement, ce que c'est que l'unité, qui sont toutes choses qui nous environnent, et entièrement inexplicables; ce que c'est que la santé, maladie, vie, mort, bien, mal, justice, péché, dont nous parlons à toute heure; si nous avons en nous des principes du vrai, et si ceux que nous croyons, et qu'on appelle axiomes ou notions communes, parce qu'elles sont conformes dans tous les hommes, sont conformes à la vérité essentielle. Et puisque nous ne savons que par la seule foi qu'un Être tout bon nous les a donnés véritables, en nous créant pour connaître la vérité, qui saura, sans cette lumière, si, étant formés à l'aventure, ils ne sont pas incertains, ou si, étant formés par un être faux et méchant, il ne nous les a pas donnés faux afin de nous séduire? montrant par là que Dieu et le vrai sont inséparables, et que si l'un est ou n'est pas, s'il est certain ou incertain, l'autre est nécessairement de même. Qui sait donc si le sens commun, que nous prenons pour juge du vrai, en a l'être de celui qui l'a créé? De plus, qui sait ce que c'est que vérité, et comment peut-on s'assurer de l'avoir sans la connaître? Qui sait même ce que c'est qu'être, qu'il est impossible de définir, puisqu'il n'y a rien de plus général, qu'il faudrait, pour l'expliquer, se servir d'abord de ce mot-là même, en disant: "C'est, etc.?" Et puisque nous ne savons ce que c'est qu'âme, corps, temps, espace, mouvement, vérité, bien, ni même être, ni expliquer l'idée que nous nous en formons, comment nous assurerons-nous qu'elle est la même dans tous les hommes, vu que nous n'avons d'autre marque que l'uniformité des conséquences, qui n'est pas toujours un signe de celle des principes? car ils peuvent bien être différents et conduire néanmoins aux mêmes conclusions, chacun sachant que le vrai se conclut souvent du faux.

'Enfin il examine si profondément les sciences; et la géométrie, dont il montre l'incertitude dans les axiomes et dans les termes qu'elle ne définit point, comme d'étendue, de mouvement, etc.; et la physique en bien plus de manières, et la médecine en une infinité de façons; et l'histoire, et la politique, et la morale, et la jurisprudence et le reste; de telle sorte que l'on demeure convaincu que nous ne pensons pas mieux à présent que dans quelque songe dont nous ne nous éveillons qu'à la mort, et pendant lequel nous avons aussi peu les principes du vrai que durant le sommeil naturel. C'est ainsi qu'il gourmande si fortement et si cruellement la raison dénuée de la foi, que, lui faisant douter si elle est raisonnable, et si les animaux le sont ou non, ou plus ou moins, il la fait descendre de l'excellence qu'elle s'est attribuée et la met par grâce en parallèle avec les bêtes, sans lui permettre de sortir de cet ordre jusqu'à ce qu'elle soit instruite par

son Créateur même de son rang qu'elle
ignore, la menaçant, si elle gronde, de la
mettre au-dessous de toutes, ce qui est aussi
facile que le contraire; et ne lui donnant
pouvoir d'agir cependant que pour remarquer sa faiblesse avec une humilité sincère,
au lieu de s'élever par une sotte insolence.'

M. de Saci se croyant vivre dans un
nouveau pays et entendre une nouvelle
langue, il se disait en lui-même les paroles de
saint Augustin: 'O Dieu de vérité! ceux qui
savent ces subtilités de raisonnement vous
sont-ils pour cela plus agréables?' Il plaig-
nait ce philosophe qui se piquait, se déchirait
de toutes parts des épines qu'il se formait,
comme saint Augustin dit de lui-même
lorsqu'il était en cet état. Après une assez
longue patience, il dit à M. Pascal:

'Je vous suis obligé, monsieur; je suis sûr
que si j'avais longtemps lu Montaigne, je ne
le connaîtrais pas autant que je fais depuis
cet entretien que je viens d'avoir avec vous.
Cet homme devrait souhaiter qu'on ne le
connût que par les récits que vous faites de
ses écrits; et il pourrait dire avec saint
Augustin: *Ibi me vides, attende.* Je crois
assurément que cet homme avait de l'esprit;

mais je ne sais pas si vous ne lui en prêtez pas
un peu plus qu'il n'en a, par cet enchaîne-
ment si juste que vous faites de ses principes.
Vous pouvez juger qu'ayant passé ma vie
comme je l'ai fait, on m'a peu conseillé de lire
cet auteur, dont tous les ouvrages n'ont rien
de ce que nous devons principalement re-
chercher dans nos lectures, selon la règle de
saint Augustin, parce que ses paroles ne
paraissent pas sortir d'un grand fond d'humilité et de piété. On pardonnerait à ces
philosophes d'autrefois, qu'on nommait
Académiciens, de mettre tout dans le doute.
Mais qu'avait besoin Montaigne de s'égayer
l'esprit en renouvelant une doctrine qui passe
maintenant chez les Chrétiens pour une
folie? C'est le jugement que saint Augustin
fait de ces personnes. Car on peut dire après
lui de Montaigne: "Il met dans tout ce qu'il
dit la foi à part: ainsi nous, qui avons la
foi, devons de même mettre à part tout ce
qu'il dit." Je ne blâme point l'esprit de cet
auteur, qui est un grand don de Dieu; mais
il pouvait s'en servir mieux, et en faire plutôt
un sacrifice à Dieu qu'au démon. A quoi
sert un bien, quand on en use si mal? *Quid
proderat*, etc.? dit de lui-même ce saint

docteur avant sa conversion. Vous êtes
heureux, monsieur, de vous être élevé au-
dessus de ces personnes qu'on appelle des
docteurs, plongés dans l'ivresse de la science,
mais qui ont le cœur vide de la vérité. Dieu
a répandu dans votre cœur d'autres douceurs
et d'autres attraits que ceux que vous trou-
viez dans Montaigne. Il vous a rappelé de ce
plaisir dangereux, *a jucunditate pestifera*, dit
saint Augustin, qui rend grâces à Dieu de ce
qu'il lui a pardonné les péchés qu'il avait
commis en goûtant trop les vanités. Saint
Augustin est d'autant plus croyable en cela,
qu'il était autrefois dans ces sentiments; et
comme vous dites de Montaigne que c'est
par ce doute universel qu'il combat les
hérétiques de son temps, c'est aussi par ce
même doute des Académiciens que saint
Augustin quitta l'hérésie des Manichéens.
Depuis qu'il fut à Dieu, il renonça à cette
vanité qu'il appelle sacrilège, et fit ce qu'il
dit de quelques autres: il reconnut avec
quelle sagesse saint Paul nous avertit de ne
nous pas laisser séduire par ces discours. Car
il avoue qu'il y a en cela un certain agrément
qui enlève: on croit quelquefois les choses
véritables, seulement parce qu'on les dit

éloquemment. "Ce sont des viandes dangereuses, dit-il, que l'on sert dans de beaux plats; mais ces viandes, au lieu de nourrir le cœur, elles le vident. On ressemble alors à des gens qui dorment, et qui croient manger en dormant: ces viandes imaginaires les laissent aussi vides qu'ils étaient."'

M. de Saci dit à M. Pascal plusieurs choses semblables: sur quoi M. Pascal lui dit que, s'il lui faisait compliment de posséder Montaigne et de le savoir bien tourner, il pouvait lui dire sans compliment qu'il savait bien mieux son saint Augustin, et qu'il le savait bien mieux tourner, quoique peu avantageusement en faveur pour le pauvre Montaigne. Il lui temoigna être extrêmement édifié de la solidité de tout ce qu'il venait de lui représenter; cependant, étant encore tout plein de son auteur, il ne put se retenir et lui dit:

'Je vous avoue, monsieur, que je ne puis voir sans joie dans cet auteur la superbe raison si invinciblement froissée par ses propres armes, et cette révolte si sanglante de l'homme contre l'homme, qui, de la société avec Dieu où il s'élevait par les maximes de la seule raison, le précipite dans

la nature des bêtes, et j'aurais aimé de tout
mon cœur le ministre d'une si grande
vengeance, si, étant disciple de l'Église par
la foi, il eût suivi les règles de la morale, en
portant les hommes, qu'il avait si utilement
humiliés, à ne pas irriter par de nouveaux
crimes celui qui peut seul les tirer de ceux
qu'il les a convaincus de ne pouvoir pas
seulement connaître.

'Mais il agit, au contraire, de cette sorte,
en païen. De ce principe, dit-il, que hors de
la foi tout est dans l'incertitude, et considérant bien combien il y a que l'on cherche
le vrai et le bien sans aucun progrès vers la
tranquillité, il conclut qu'on en doit laisser
le soin aux autres: et demeurer cependant en
repos, coulant légèrement sur les sujets de
peur d'y enfoncer en appuyant; et prendre le
vrai et le bien sur la première apparence,
sans les presser, parce qu'ils sont si peu
solides, que quelque peu qu'on serre la main
ils s'échappent entre les doigts et la laissent
vide. C'est pourquoi il suit le rapport des
sens et les notions communes, parce qu'il
faudrait qu'il se fît violence pour les démen-
tir, et qu'il ne sait s'il gagnerait, ignorant où
est le vrai. Ainsi il fuit la douleur et la mort,

parce que son instinct l'y pousse et qu'il n'y veut pas résister pour la même raison, mais sans en conclure que ce soient de véritables maux, ne se fiant pas trop à ces mouvements naturels de crainte, vu qu'on en sent d'autres de plaisir qu'on accuse d'être mauvais, quoique la nature parle au contraire. Ainsi, il n'a rien d'extravagant dans sa conduite; il agit comme les autres hommes; et tout ce qu'ils font dans la sotte pensée qu'ils suivent le vrai bien, il le fait par un autre principe, qui est que les vraisemblances étant pareillement d'un et d'autre côté, l'exemple et la commodité sont les contre-poids qui l'entraînent.

'Il suit donc les mœurs de son pays parce que la coutume l'emporte; il monte sur son cheval, comme un autre qui ne serait pas philosophe, parce qu'il le souffre, mais sans croire que ce soit de droit, ne sachant pas si cet animal n'a pas, au contraire, celui de se servir de lui. Il se fait aussi quelque violence pour éviter de certains vices; et même il a gardé la fidélité au mariage, à cause de la peine qui suit les désordres; mais si celle qu'il prendrait surpasse celle qu'il évite, il y demeure en repos, la règle de son action étant en tout la commodité et la tranquillité. Il rejette donc bien loin cette vertu stoïque qu'on peint avec une mine sévère, un regard farouche, des cheveux hérissés, le front ridé et en sueur, dans une posture pénible et tendue, loin des hommes, dans un morne silence, et seule sur la pointe d'un rocher: fantôme, à ce qu'il dit, capable d'effrayer les enfants, et qui ne fait là autre chose, avec un travail continuel, que de chercher le repos, où elle n'arrive jamais. La sienne est naïve, familière, plaisante, enjouée, et, pour ainsi dire, folâtre: elle suit ce qui la charme, et badine négligemment des accidents bons ou mauvais, couchée mollement dans le sein de l'oisiveté tranquille, d'où elle montre aux hommes, qui cherchent la félicité avec tant de peine, que c'est là seulement où elle repose, et que l'ignorance et l'incuriosité sont deux doux oreillers pour une tête bien faite, comme il dit lui-même.

'Je ne puis pas vous dissimuler, monsieur, qu'en lisant cet auteur et le comparant avec Épictète, j'ai trouvé qu'ils étaient assurément les deux plus illustres défenseurs des deux plus célèbres sectes du monde et les seules conformes à la raison, puisqu'on ne peut suivre qu'une de ces deux routes, savoir: ou qu'il y a un Dieu, et lors il y place son souverain bien; ou qu'il est incertain, et qu'alors le vrai bien l'est aussi, puisqu'il en est incapable. J'ai pris un plaisir extrême à remarquer dans ces divers raisonnements en quoi les uns et les autres sont arrivés à quelque conformité avec la sagesse véritable qu'ils ont essayé de connaître. Car, s'il est agréable d'observer dans la nature le désir qu'elle a de peindre Dieu dans tous ses ouvrages, où l'on en voit quelque caractère parce qu'ils en sont les images, combien est-il plus juste de considérer dans les productions des esprits les efforts qu'ils font pour imiter la vérité essentielle, même en la fuyant, et de remarquer en quoi ils y arrivent et en quoi ils s'en égarent, comme j'ai tâché de faire dans cette étude!

'Il est vrai, monsieur, que vous venez de me faire voir admirablement le peu d'utilité que les chrétiens peuvent faire de ces études philosophiques. Je ne laisserai pas, néanmoins, avec votre permission, de vous en dire encore ma pensée, prêt néanmoins à renoncer à toutes les lumières qui ne viendront pas de Dieu, en quoi j'aurai l'avantage, ou d'avoir rencontré la vérité par bonheur, ou de la recevoir de lui avec assurance. Il me semble que la source des erreurs de ces deux sectes est de n'avoir pas su que l'état de l'homme à présent diffère de celui de sa création; de sorte que l'un, remarquant quelques traces de sa première grandeur, et ignorant sa corruption, a traité la nature comme saine et sans besoin de réparateur, ce qui le mène au comble de la superbe; au lieu que l'autre, éprouvant la misère présente et ignorant la première dignité, traite la nature comme nécessairement infirme et irréparable, ce qui le précipite dans le désespoir d'arriver à un véritable bien, et de là dans une extrême lâcheté. Ainsi ces deux états qu'il fallait connaître ensemble pour voir toute la vérité, étant connus séparément, conduisent nécessairement à l'un de ces deux vices, l'orgueil ou la paresse, où sont infailliblement tous les hommes avant la grâce, puisque, s'ils ne demeurent dans leurs désordres par lâcheté, ils en sortent par vanité, tant il est vrai ce que vous venez de me dire de saint Augustin, et que je trouve d'une grande étendue;...car en effet on leur rend hommage en bien des manières.

'C'est donc de ces lumières imparfaites qu'il arrive que l'un, connaissant les devoirs de l'homme et ignorant son impuissance, se perd dans la présomption, et que l'autre connaissant l'impuissance et non le devoir, il s'abat dans la lâcheté; d'où il semble que l'on formerait en les alliant une morale parfaite. Mais, au lieu de cette paix, il ne résulterait de leur assemblage qu'une guerre et qu'une destruction générale: car l'un établissant la certitude, l'autre le doute, l'un la grandeur de l'homme et l'autre sa faiblesse, ils ruinent la vérité aussi bien que la fausseté l'un de l'autre. De sorte qu'ils ne peuvent subsister seuls à cause de leur défaut, ni s'unir à cause de leurs oppositions, et qu'ainsi ils se brisent et s'anéantissent pour faire place à la vérité de l'Évangile. C'est elle qui accorde les contrariétés par un art tout divin, et, unissant tout ce qui est de vrai et chassant tout ce qu'il y a de faux, elle en fait une sagesse véritablement céleste où s'accordent ces opposés, qui étaient incompatibles dans ces doctrines humaines. Et la raison en est que ces sages du monde placent les contraires dans un même sujet; car l'un attribuait la grandeur à la nature et l'autre la faiblesse à cette même nature, ce qui ne pouvait subsister; au lieu que la foi nous apprend à les mettre en des sujets différents: tout ce qu'il y a d'infirme appartenant à la nature, tout ce qu'il y a de puissant appartenant à la grâce. Voilà l'union étonnante et nouvelle que Dieu seul pouvait enseigner et que lui seul pouvait faire, et qui n'est qu'une image et qu'un effet de l'union ineffable de deux natures dans la seule personne d'un Homme-Dieu.

'Je vous demande pardon, monsieur, dit M. Pascal à M. de Saci, de m'emporter ainsi devant vous dans la théologie, au lieu de demeurer dans la philosophie, qui était seule mon sujet; mais il m'y a conduit insensiblement; et il est difficile de ne pas y rentrer, quelque vérité qu'on traite, parce qu'elle est le centre de toutes les vérités; ce qui paraît ici parfaitement, puisqu'elle enferme si visiblement toutes celles qui se trouvent dans ces opinions. Aussi je ne vois pas comment aucun d'eux pourrait refuser de la suivre. Car s'ils sont pleins de la pensée de la grandeur de l'homme, qu'en ont-ils imaginé qui ne cède aux promesses de l'Évangile, qui ne sont autre chose que le digne prix de la

mort d'un Dieu? Et s'ils se plaisent à voir
l'infirmité de la nature, leur idée n'égale plus
celles de la véritable faiblesse du péché, dont
la même mort a été le remède. Ainsi tous y
trouvent plus qu'ils n'ont désiré; et ce qui
est admirable, ils s'y trouvent unis, eux qui
ne pouvaient s'allier dans un degré infini-
ment inférieur!'

M. de Saci ne put s'empêcher de témoigner
à M. Pascal qu'il était surpris de voir comment il savait tourner les choses; mais il
avoua en même temps que tout le monde
n'avait pas le secret comme lui de faire sur
ces lectures des réflexions si sages et si
élevées. Il lui dit qu'il ressemblait à ces
médecins habiles qui, par la manière adroite
de préparer les plus grands poisons, en
savent tirer les plus grands remèdes. Il ajouta
que, quoiqu'il voyait bien, par ce qu'il venait
de lui dire, que ces lectures lui étaient utiles,
il ne pouvait pas croire néanmoins qu'elles
fussent avantageuses à beaucoup de gens
dont l'esprit se traînerait un peu, et n'aurait
pas assez d'élévation pour lire ces auteurs et
en juger, et savoir tirer les perles du milieu
du fumier, *aurum ex stercore Tertulliani*,
disait un Père. Ce qu'on pouvait bien plus

dire à ces philosophes, dont le fumier, par sa noire fumée, pouvait obscurcir la foi chancelante de ceux qui les lisent. C'est pourquoi il conseillerait toujours à ces personnes de ne pas s'exposer légèrement à ces lectures, de peur de se perdre avec ces philosophes, et de devenir la proie des démons et la pâture des vers, selon le langage de l'Écriture, comme ces philosophes l'ont été.

'Pour l'utilité de ces lectures, dit M. Pascal, je vous dirai fort simplement ma pensée. Je trouve dans Épictète un art incomparable pour troubler le repos de ceux qui le cherchent dans les choses extérieures, et pour les forcer à reconnaître qu'ils sont de véritables esclaves et de misérables aveugles; qu'il est impossible qu'ils trouvent autre chose que l'erreur et la douleur qu'ils fuient, s'ils ne se donnent sans réserve à Dieu seul. Montaigne est incomparable pour confondre l'orgueil de ceux qui, hors la foi, se piquent d'une véritable justice; pour désabuser ceux qui s'attachent à leurs opinions, et qui croient trouver dans les sciences des vérités inébranlables; et pour convaincre si bien la raison de son peu de lumière et de ses égarements, qu'il est difficile, quand on fait

un bon usage de ses principes, d'être tenté
de trouver des répugnances dans les mystères;
car l'esprit en est si battu, qu'il est bien
éloigné de vouloir juger si l'Incarnation ou
le mystère de l'Eucharistie sont possibles; ce
que les hommes du commun n'agitent que
trop souvent.

'Mais, si Épictète combat la paresse, il
mène à l'orgueil, de sorte qu'il peut être très
nuisible à ceux qui ne sont pas persuadés de
la corruption de la plus parfaite justice qui
n'est pas de la foi. Et Montaigne est abso-
lument pernicieux à ceux qui ont quelque
pente à l'impiété et aux vices. C'est pourquoi ils doivent être réglés avec beaucoup de
soin, de discrétion et d'égard à la condition et
aux mœurs de ceux à qui on les conseille. Il
me semble seulement qu'en les joignant ensemble elles ne pourraient réussir fort mal,
parce que l'une s'oppose au mal de l'autre:
non qu'elles puissent donner la vertu, mais
seulement troubler dans les vices, l'âme se
trouvant combattue par les contraires, dont
l'un chasse l'orgueil et l'autre la paresse, et
ne pouvant reposer dans aucun de ces vices
par ses raisonnements ni aussi les fuir tous.'

Ce fut ainsi que ces deux personnes d'un

si bel esprit s'accordèrent enfin au sujet de la lecture de ces philosophes, et se rencontrèrent au même terme, où ils arrivèrent néanmoins d'une manière un peu différente : M. de Saci y étant arrivé tout d'un coup par la claire vue du christianisme, et M. Pascal n'y étant arrivé qu'après beaucoup de détours en s'attachant aux principes de ces philosophes.

Lorsque M. de Saci et tout Port-Royal était ainsi occupé de la joie que causait la conversion de M. Pascal, et qu'on y admirait la force toute-puissante de la grâce, qui avait si humblement abaissé cet esprit si élevé de lui-même par une miséricorde dont il y a peu d'exemple, etc.

CAMBRIDGE PLAIN TEXTS

The following Volumes are among the latest
additions to this Series:

English

LANCELOT ANDREWES. Too Sermons.
With a Note by J. Butt and G. Tillotson.

JONSON. The Sad Shepherd.
With a Note by L. J. Potts.

GOWER. Selections from *Confessio Amantis.*
With a Note by H. S. Bennett.

French

MOLIÈRE. La Critique de l'École des Femmes
and L'Impromptu de Versailles.
With a Note by A. Tilley.

RONSARD. L'Art Poétique *and* Cinq Préfaces
With a Note by J. Stewart.

German

HOFFMANN. Der Kampf der Sänger.
With a Note by G. Waterhouse.

LESSING. Hamburgische Dramaturgie I.
LESSING. Hamburgische Dramaturgie II.
With a Note by G. Waterhouse.

Spanish

OLD SPANISH BALLADS.
With a Note by J. P. Howard.

VILLENA: LEBRIJA: ENCINA. Selections.
With a Note by I. Bullock.

COMPLETE LIST

Each volume consists of 50–80
by a short biographical
BOUND IN

English

ANDREWES, LANCELOT. Two Sermons.
BACON. The Advancement of Learning. Book I.
BYRON. The Vision of Judgement.
CARLYLE. The Present Time.
DONNE. Sermons XV and LXVI.
FULLER. The Holy State (II, 1–15).
GOLDSMITH. The Good-Natur'd Man.
GOWER. Selections from *Confessio Amantis*.
HENRYSON. The Testament of Cresseid.
HOOKER. Preface to *The Laws of Ecclesiastical Polity*.
JOHNSON. Papers from *The Idler*.
JONSON. The Sad Shepherd.
MONTAIGNE. Five Essays, translated by John Florio.
SPENSER. The Shepheards Calender.

French

BOSSUET. Oraisons Funèbres.
DE MUSSET. Carmosine.
DESCARTES. Discours de la Méthode.
DIDEROT. Paradoxe sur le Comédien.
DUMAS. Histoire de mes Bêtes.
GAUTIER. Ménagerie Intime.
HUGO, VICTOR. Eviradnus *and* Ratbert (*La Légende des Siècles*).
LA BRUYÈRE. Les Caractères, ou les Mœurs de ce Siècle.
LAMARTINE. Méditations.
MICHELET. Saint-Louis.
MOLIÈRE. L'Amour Médecin *and* Le Sicilien.
MOLIÈRE. La Critique de l'École des Femmes *and* L'Impromptu de Versailles.
MONTALEMBERT. De l'Avenir Politique de l'Angleterre.
PASCAL. Lettres Écrites à un Provincial.
PASCAL. Entretien avec M. de Saci.
RONSARD. L'Art Poétique *and* Cinq Préfaces.
VAUVENARGUES. Réflexions et Maximes.

small octavo pages of text, preceded
note on the author
LIMP CLOTH

German

GRILLPARZER. Der Arme Spielmann *and* Erinnerungen
an Beethoven.
HERDER. Kleinere Aufsätze I.
HOFFMANN. Der Kampf der Sänger.
LESSING. Hamburgische Dramaturgie I.
LESSING. Hamburgische Dramaturgie II.

Italian

ALFIERI. La Virtù Sconosciuta.
GOZZI, GASPARO. La Gazzetta Veneta.
LEOPARDI. Pensieri.
MAZZINI. Fede e Avvenire.
ROSMINI. Cinque Piaghe.

Spanish

BOLÍVAR, SIMÓN. Address to the Venezuelan Congress
at Angostura, February 15, 1819.
CALDERÓN. La Cena de Baltasar.
CERVANTES. Prologues and Epilogue.
CERVANTES. Rinconete y Cortadillo.
ESPRONCEDA. El Estudiante de Salamanca.
LOPE DE VEGA. El Mejor Alcade, el Rey.
LUIS DE LEÓN. Poesías Originales.
OLD SPANISH BALLADS.
VILLEGAS. El Abencerraje.
VILLENA: LEBRIJA: ENCINA. Selections.

SOME PRESS OPINIONS

www.ingramcontent.com/pod-product-compliance
Ingram Content Group UK Ltd.
Pitfield, Milton Keynes, MK11 3LW, UK
UKHW042149280225
455719UK00001B/215

9 781107 665453